EINE BILDERGESCHICHTE
ÜBER DAS
ERSTE AUFREGENDE JAHR
VON

_____

MIT IHREN STOLZEN ELTERN

&

_____

Meine Ultraschall Bilder

SSW: LÄNGE: GEWICHT:

SSW: LÄNGE: GEWICHT:

SSW: LÄNGE: GEWICHT:

Am Tag meiner Geburt

PAPA ANWESEND ?

NATÜRLICHE GEBURT ODER PER KAISERSCHNITT ?

ANWESENDER ARZT ODER HEBAMME :

FUSSABDRÜCKE   HANDABDRÜCKE

Babys Ankunft

GEBURTSTAG

GEWICHT

GEBURTSORT

GRÖSSE

GEBURTSZEIT

AUGENFARBE

HAARFARBE

Mein Stammbaum

- OMA
- OPA
- OMA
- OPA

GESCHWISTER DES VATERS

GESCHWISTER DER MUTTER

VATER

MUTTER

MEIN NAME

MEINE GESCHWISTER

Fotos & Glückwünsche

Babys Zähnchen

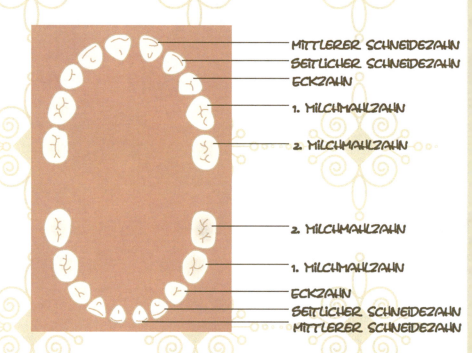

OBERKIEFER

MITTLERER SCHNEIDEZAHN
DATUM:

SEITLICHER SCHNEIDEZAHN
DATUM:

ECKZAHN
DATUM:

1. MILCHMAHLZAHN
DATUM:

2. MILCHMAHLZAHN
DATUM:

UNTERKIEFER

2. MILCHMAHLZAHN
DATUM:

1. MILCHMAHLZAHN
DATUM:

ECKZAHN
DATUM:

SEITLICHER SCHNEIDEZAHN
DATUM:

MITTLERER SCHNEIDEZAHN
DATUM:

WANN BRECHEN DIE MILCHZÄHNE DURCH?

SCHNEIDEZÄHNE	: 06.-08. LEBENSMONAT
ECKZÄHNE	: 12.-16. LEBENSMONAT
MAHLZÄHNE (VODERE)	: 15.-20. LEBENSMONAT
MAHLZÄHNE (HINTERE)	: 20.-40. LEBENSMONAT

Babys Krankheiten

GEGEN... **GEIMPFT AM:** **BEKOMMEN AM:**

WINDPOCKEN

MUMPS (ZIEGENPETER)

MASERN

KEUCHHUSTEN

KINDERLÄHMUNG

HEPATITIS

INFLUENZA (GRIPPE)

MENINGITIS (HIRNHAUTENTZÜNDUNG)

Spielzeit

WAS IST BABYS LIEBLINGS...

SPIELZEUG

KINDERSPIEL

KINDERLIED

KINDERBUCH

"GUTE NACHT"
GESCHICHTE

Impressum

1. Auflage dieser Ausgabe 2009
© eendje book specials by 3janimations
Buchgestaltung : S.Jain

Gesamtherstellung und Verlag :
Books on Demand GmbH
Gutenbergring 53
22848 Norderstedt
ISBN 978-3-8370-9146-5